バッティングポーズ?

ゴルフスイング？

どこ
行くんですか?
ピタッ

デイサービスのこと
がっこうですけど
明日のデイサービスは…
予定表

「習字」の日ですけど…

ブン

たのしみ
です

ブン

どんな大作ができあがるのか
私も楽しみです

ひろぽと暮らせば

三丁目いちこ

プロローグ

はじめまして
三丁目いちこと申します

趣味は模様替えです
力持ちです
断捨離にハマってます

愛知県に住む
アラカン主婦です

※実物より若く描いています

おじいちゃーん

自己紹介
してください

ギクッ

趣味で漫画を
描いているのですが
その主人公がこちら

じこ
しょうかい？

もぐ　もぐ
もぐ　もぐ

かい？
なんだ？
うまいのか？

つまみ食い中

義理の父　ひろぽです

ひろぽは77歳のとき
二度目の脳梗塞で
倒れました

それ以来　家族は心の中で
「ひろぽ」と呼ぶようになりました

ひろぽは認知症を
患っていましたが

きょうは
あさから

べんきょう
してます

もう
たいへん

へぇー

すごいねー

家族にとって
癒やしの存在でした

もちろん
介護は大変でしたし

?

忘れる

しつこい

突然怒り出す

疲れてしまうことも
ありましたが…

84歳で他界するまで
私たちをたくさん
笑わせてくれました

ひろぽが亡くなった後

次々浮かんでくる
エピソードをもとに
漫画を描き始めました

本書は
そんな三丁目家と
ひろぽのお話です
どうぞお付き合い
くださいませ

目次

三丁目家の人々

ひろぽ
Hiropo

この本の主人公であり、三丁目家の主。
社交的で話好きな、孫を溺愛するおじいちゃん。
昔は新聞記者として働いていた。
趣味は、定年後に習い始めた陶芸。
70代後半から認知症の診断を受けるが、
晩年を穏やかに過ごす。
平日はデイサービス（がっこう）に通う。
84歳で他界。

◆デイサービスでの好きなイベント
陶芸、習字、まちがいさがし

いちこ
Ichiko

長女出産を機に、ひろぽたち義両親と同居。
認知症のひろぽを常に観察し、記録する。
その記録をもとに、ひろぽが亡くなった後、
漫画を描き始める。
ひろぽのことを、ただただ面白がっている嫁。

長女

Eldest daughter

出生前より、ひろぽから愛情を注がれ続けた初孫。
冷静で慎重なタイプに見られがちだが、おっちょこちょいな一面もある。

次女

Second daughter

三丁目家のムードメーカー。
天真爛漫だが意外に意志が強く、しっかりしているところがある。

チャコ

Chako

ひろぽの妻。
世話好きなおばあちゃん。
ひろぽのことを一番に考えている。

Yasube

ひろぽの長男で、いちこの夫。
仕事の関係で家族と休日が合わないため登場は少ないが、三丁目家を支える大黒柱。

二世帯同居生活について

我が家は2階建ての一軒家に、二世帯で暮らしています。

1F

*1階はひろぽとチャコさんが暮らしていました。
食事の用意は朝昼は別々に、夕食は一緒に作っていました。

2F

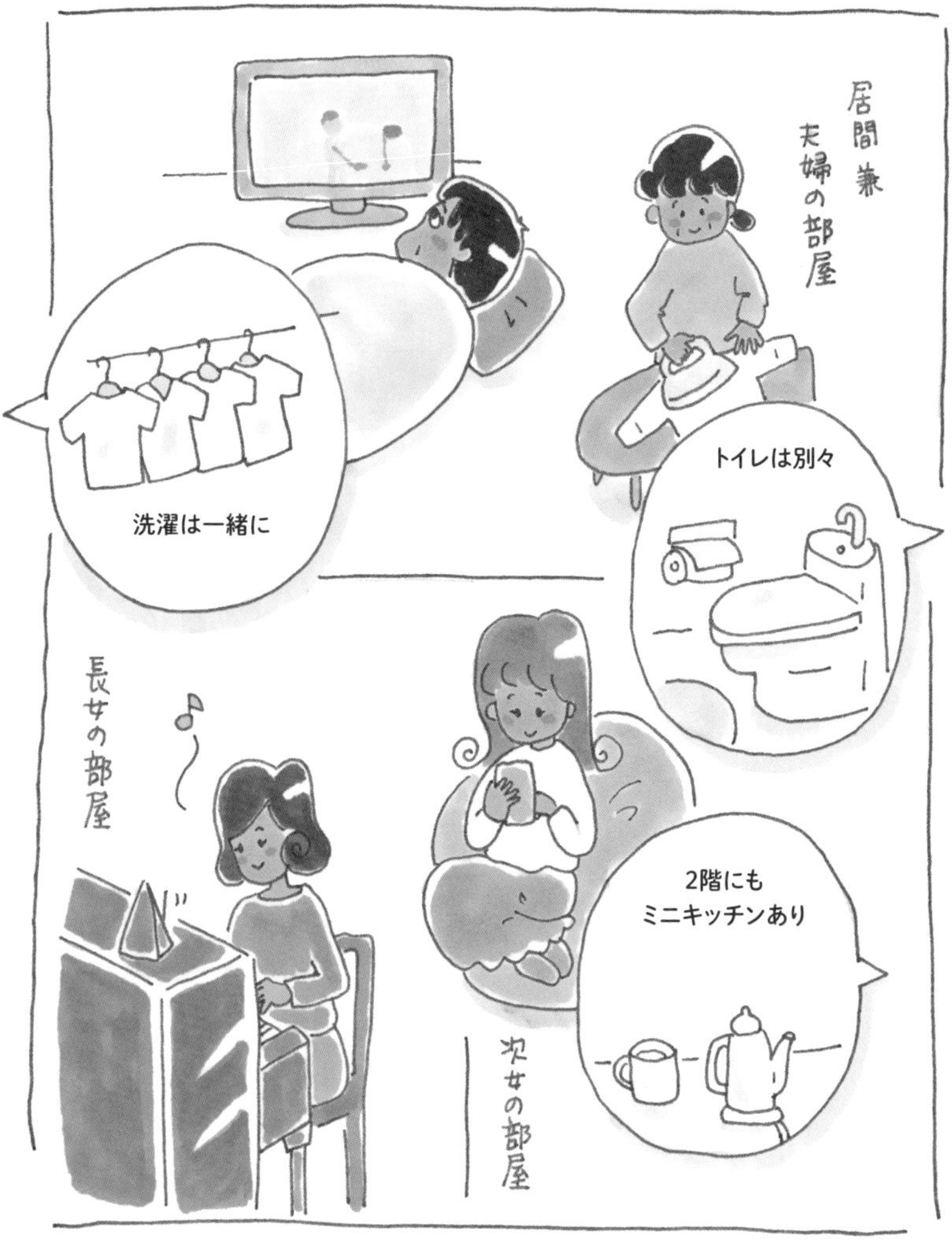

居間兼夫婦の部屋

洗濯は一緒に

トイレは別々

長女の部屋

2階にも
ミニキッチンあり

次女の部屋

*2階は若世帯が暮らしていました。
ミニキッチンではコーヒーを淹れたり、軽食を作ることができます。

大好物

カキフライが大好きで

食後にお礼を言いに来てくれます

10分後にまた来ます

数分後また来ます

あ
きょうは
ありまとね
うれしいやつ
ありまとね

キッチンにいる間中来てくれます

カキフライがどれだけ好きなのか、思い知る。 #ありがとうはうれしいね

阻止せよ！

ひろぽとスーパーで買い物

カゴの中は、ひろぽが指でぎゅーっとして穴を開けたり、変形させてしまった肉や魚のパックでいっぱい。

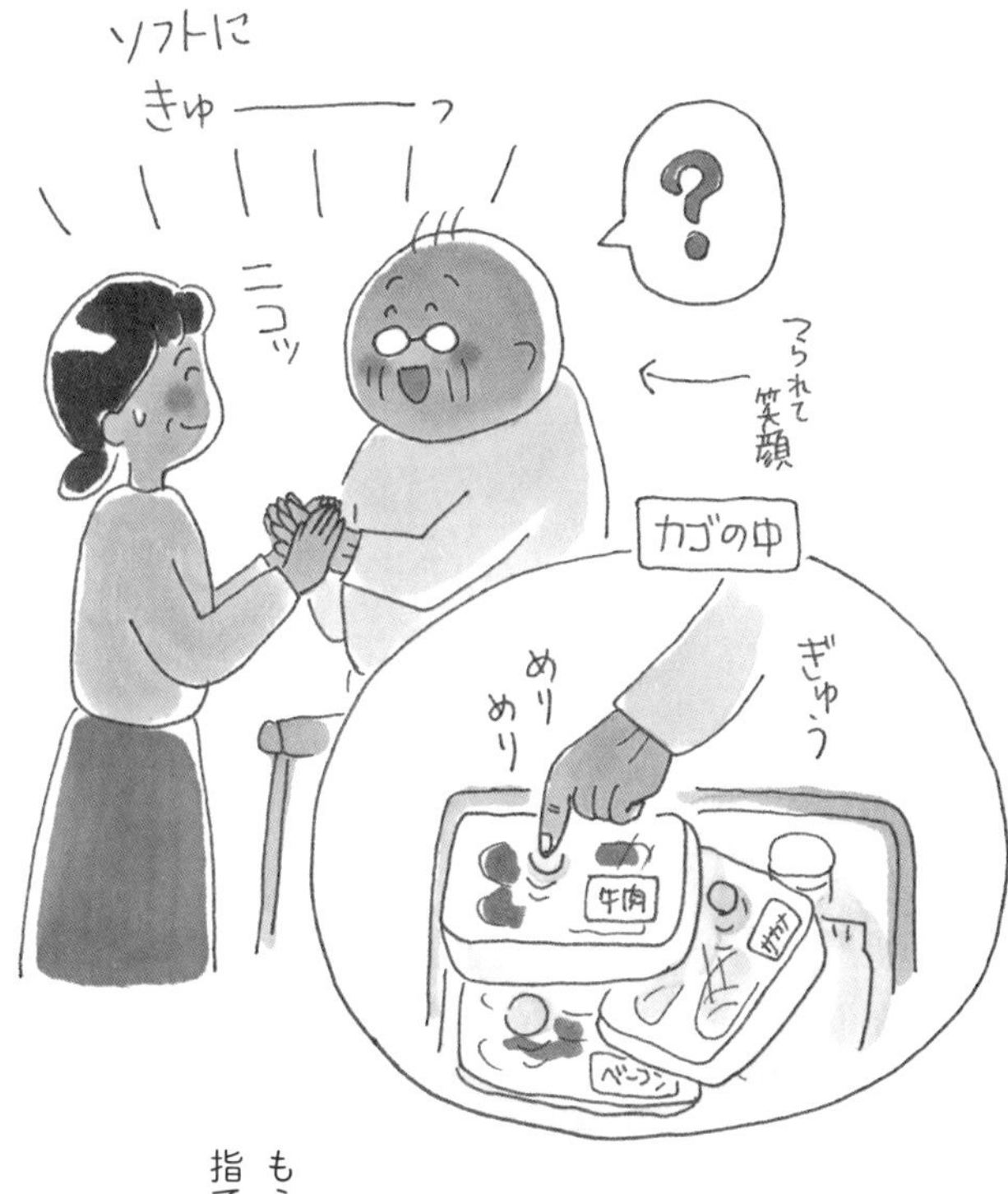

もうこれ以上肉や魚のパックに
指で穴を開けないでくださいの握手

猛暑

脳梗塞で倒れて以降
数字がちんぷんかんぷん

自信満々で
明日の気温を報告してくれますが

だいぶ違っている

何もやりたがらなかったひろぽが、「まちがいさがし」にハマりました。デイサービスのスタッフさんに感謝です。

リサイタル

夜更けに

懐メロ特番の日は大熱唱。2階にいる私たちは聞き耳を立てます。#わからないところはごまかす

呼び出し

自分で歩けるときは歩いてきてね。 #本当に聞こえないが8割 #聞こえてるけど無視してるが2割

はらせつこ
採血など
注射針を刺されるときの反応は
人それぞれですが
見つめる
目をそらす
泣く
拒否
ひろぽの場合
は
はら
は
?
「はらせつこ」を
召喚する
はらせつこーっ
誰ですか
原節子さんとは
「永遠の処女」と呼ばれた
女優
戦前から戦後にかけて活躍した
彼女がヒロインを演じた
「東京物語」がひろぽの
お気に入りの作品

点滴のときも

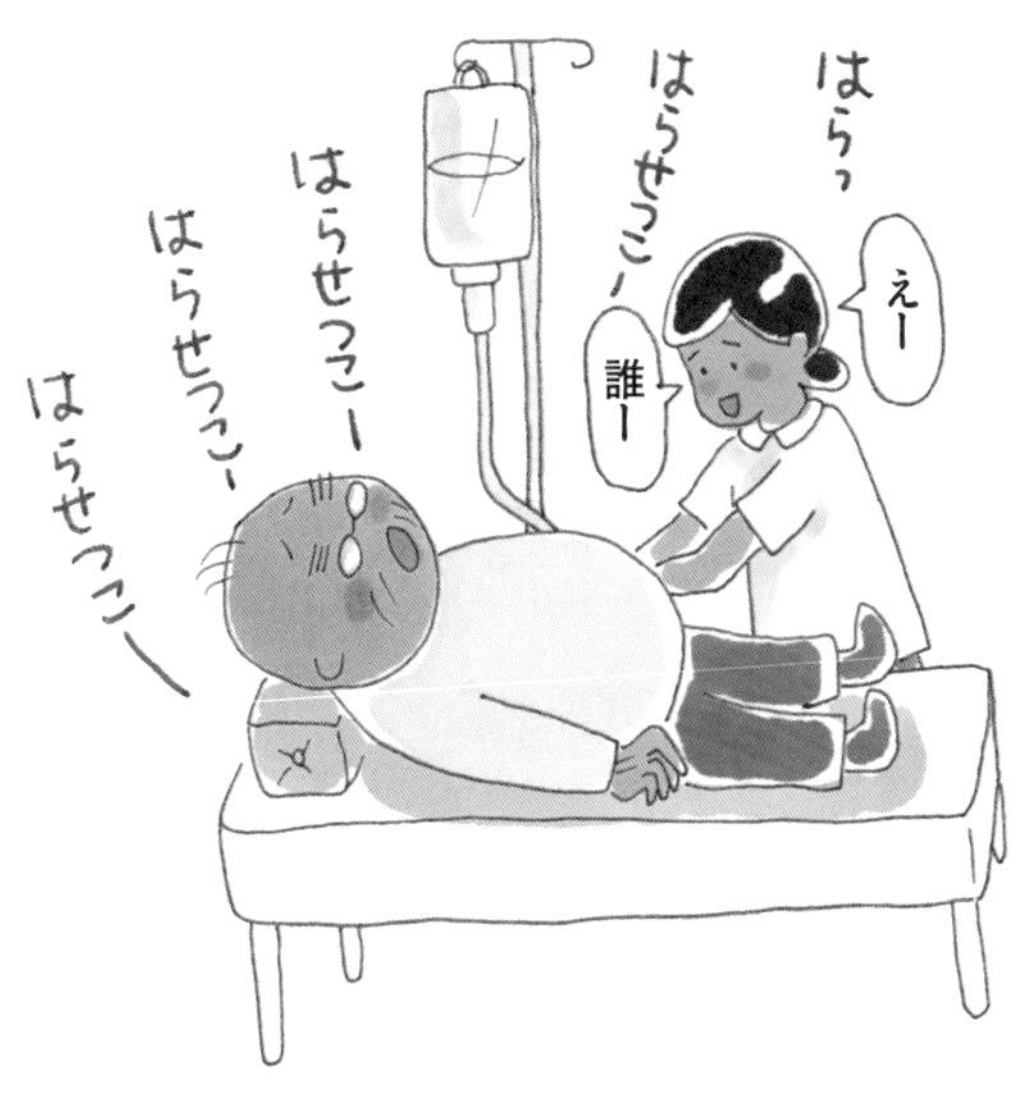

危なかったとき

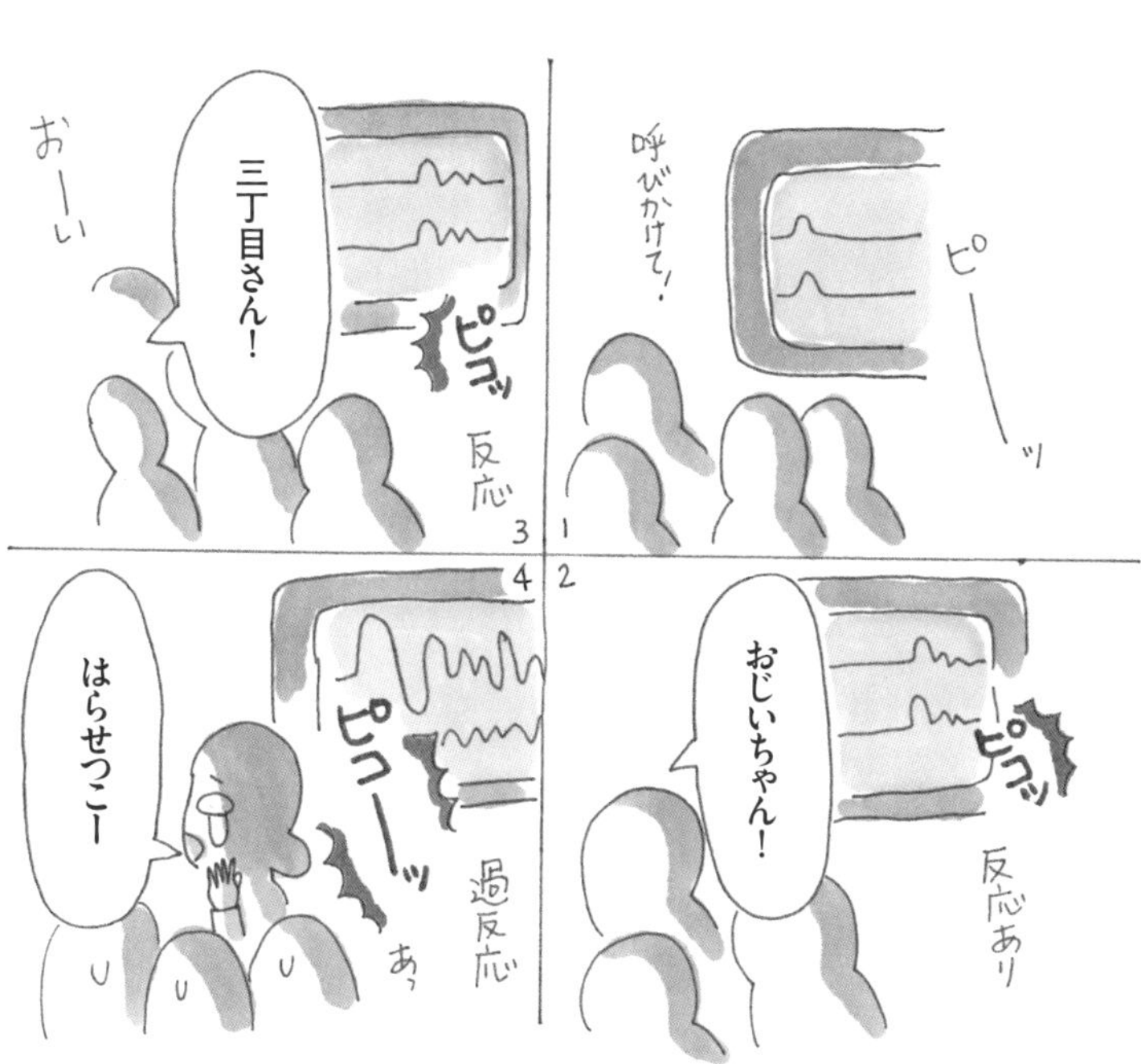

原節子さんを知らない世代の看護師さん。 #針が刺さるまで連呼 #刺さってからは落ち着く #採血室では有名に

忘却のひろぽ

デイサービスの後
皮膚科を受診する日です

がっこうから帰ったら病院ね
だれの？
おじいちゃんの
ぼくの？
そうそう
なんの？
かゆかゆの
だれの？
おじいちゃんの
いまから？
帰ってきてから
延々

ひろぽより先に出かける

デイサービスから帰宅

ああ ああ
はい はい
ちょっとまってねー
←理解
そのまま行こうよー
パタン
…
…

えっ
なーに?

ランニング姿で
テレビ鑑賞中

忘却のひろぽ

どこかへ行くときの質問攻めは毎回。理解したように見えても、歩くと忘れる。 #質問攻め #無限ループ

好き嫌い

同居するとき
食べ物の好みを教えてくれました

約20年後

次女が職場でさつまいもを
たくさんもらってきたので

レシピ聞いてきたー

ラップ

さつまいもの
茶巾しぼりを作りました

苦手なさつまいもだけど
おやつに出してみました

部屋を出てすぐ　すごい物音が…

嫌いなものを出したから
怒ってるのかなぁと思っていたら

嗜好の変化を
興奮気味に知らせてきた

嫌いだと言っていた食べ物も、全部食べられるようになりました。#戦争中に食べすぎた　#切ない理由

新聞

雨の日は
新聞がビニールに入ってきます

ビニールを取ろうとしていますが

なかなか取れません

なかなか…

シャカ
シャカ

その後だいぶ経ってから、何事もなかったかのように新聞を取りにきました。

珍しくクレーム

普段は穏やかなひろぽですが
ある日勢いよくキッチンにやってきて

ごはんがおおいんだ
のこしますよ

お散歩

まだひろぽが60代の頃
長女を連れて
散歩に出かけました

公園で
おしっこだと
言い出してねー
トイレで
やると
きかないんですよ
わー
すみません
えっ
外出時
オムツはいてる
オムツ
取れたて
ところがね
公園のトイレ
紙があらせん
のだわー
※紙がなかった
えー

仕方ないから
ハハハ
おじいちゃんのハンカチで拭いたんですよー
へー
ハンカチー
あは・・
はっ
ピタッ

おじいちゃん、そのハンカチは……。 #まさか #人生には３つの坂がある #３つ目でした

命名

ひろぽは名付ける

入院中は妻のことを
ステキな源氏名で呼んでいました

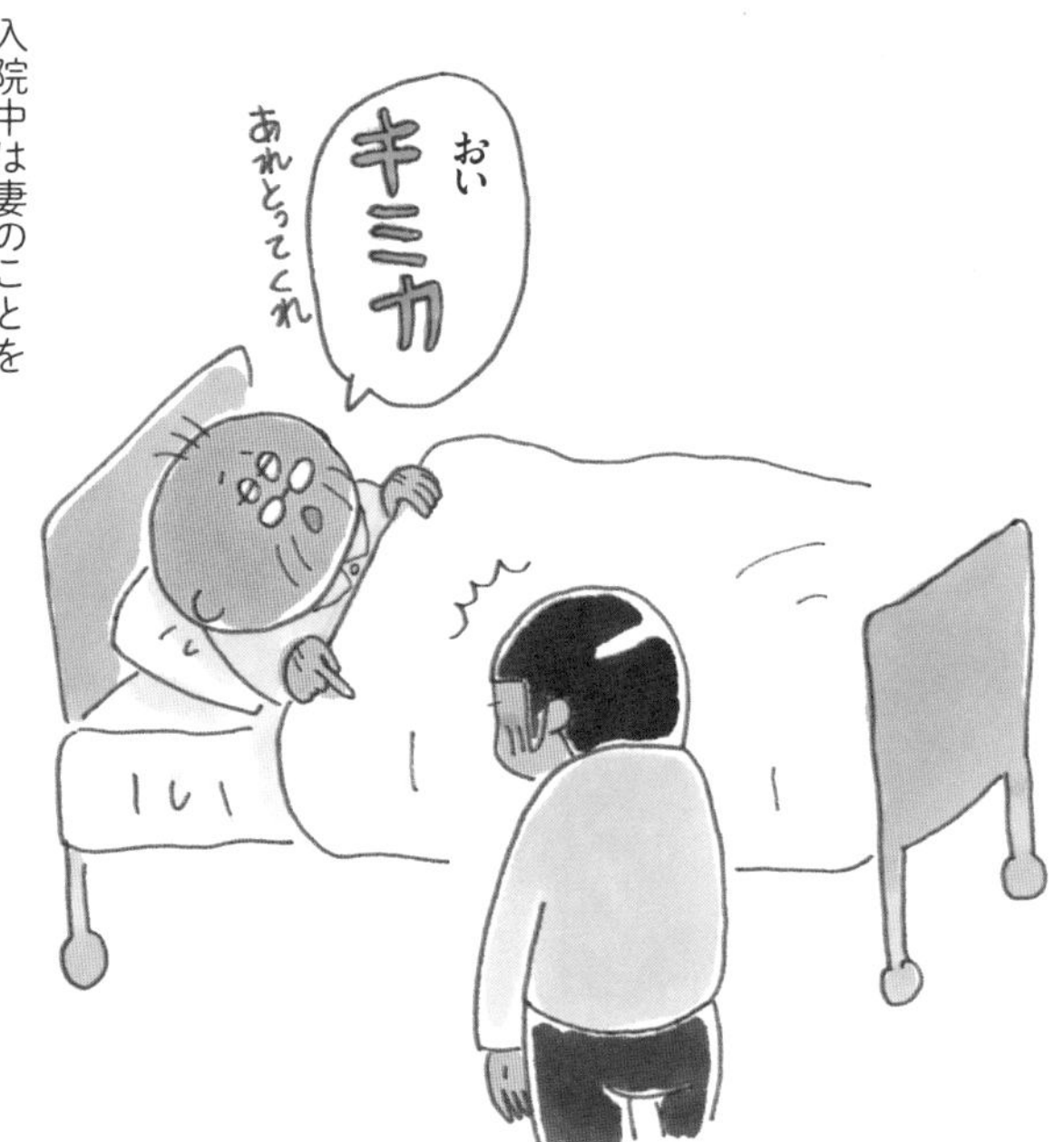

次女には

私にも——

ちょっと
追求してみた

私がおかしいみたいになった

私が当たり前のことを聞いたみたいな、へんな空気になる。しばらくすると、自分がつけた名前も忘れていきます。

追求するタイプ

ひろぽとふたりでファミレスに来ました

気になったら
追求したいタイプ
ね…
みせのなまえ
どういう
いみですか
すみません
ちょっと
わからないです
あちょっと
お客さん
きみ
しっとろ？
あー
すみません
すみません
すみません
しばらくすると
さっきの店員さんが
知らせに来て
くれました
だーれも
しらんのか
ぶつ
ぶつ
あの…
スペイン語で
「おいしい」という
意味だそうです
…
もぐ
もぐ
というわけで
失礼し…
すばらしい!!
パチ
ガタッ
パチパチ
スタンディングオベーション
ビクッ
いえっ
失礼します
うん
そうかー
「おいしい」かー
すばらしいなー
おいしいかー
すばらしいわー
うん
そうかー
ありがとう
すみません
いえいえ

どうして店名の意味を知りたかったのかは謎ですが、とにかく気になったことは聞いてみるタイプ。

食べ方を忘れたもの1

飴——

でも味は気に入ったみたいで
大切にティッシュに包んで置いてあった

後で食べようと
してるのかな

※その後どうなったかは確認できていません

〝舐める〟という概念を失念したようです。奥歯がないので噛むこともできず、ただただ流れ出る滝のようなヨダレ。

食べ方を忘れたもの2

回転寿司にて

おしょうゆ
一気飲み

レクチャーするも…

チョン
チョンって
つけて
飲んでかんよ
※飲んではいけないよ
…
つぎ足す

ザブーン
あっ

あー
ひた
ひた
…
原形なし

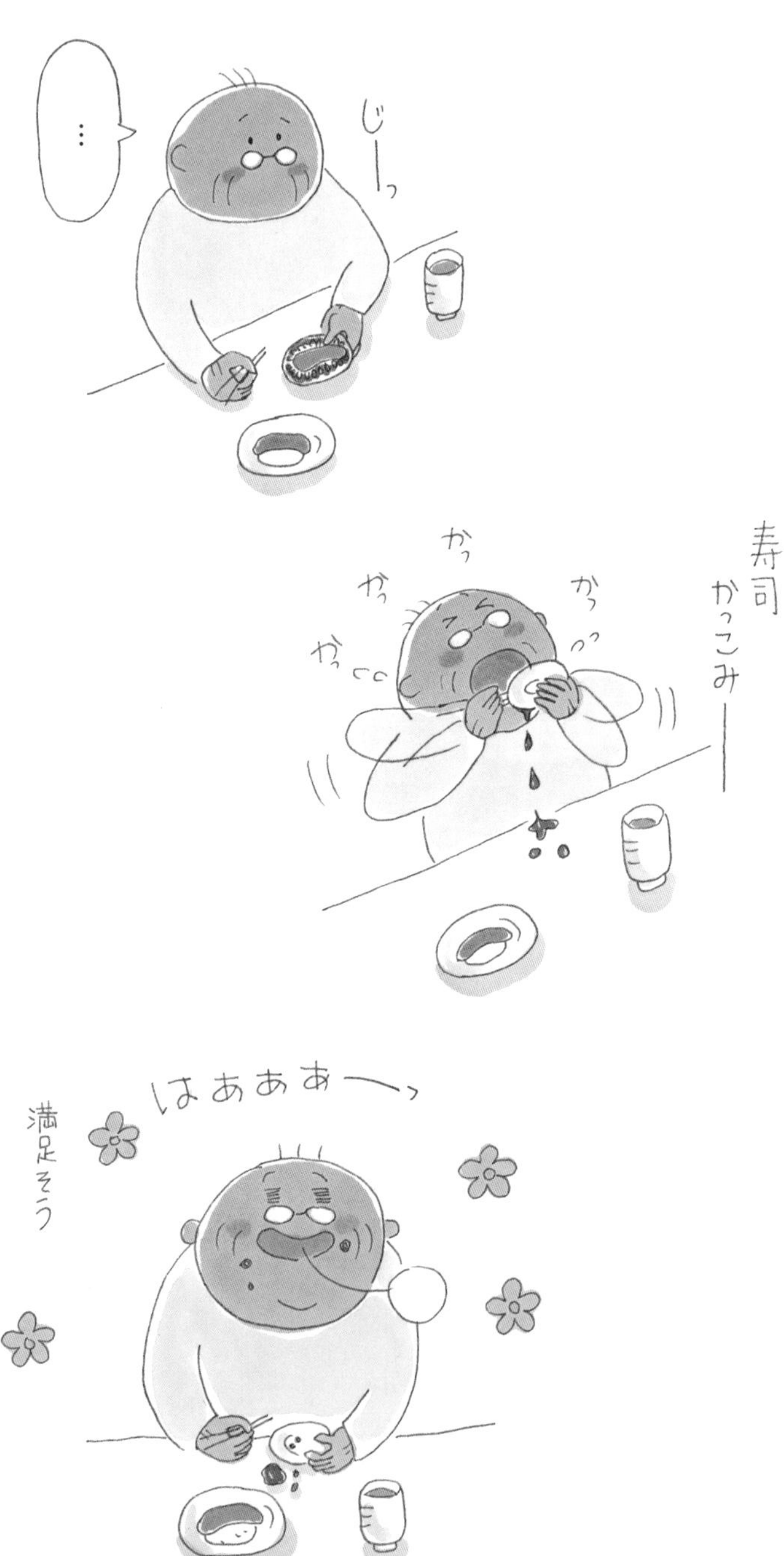

塩分過多ですが、本人が満足そうなのでいいことにします。その後は、お寿司に醤油を数滴かけてから食べさせるようにに。

祝いたい

ひろぽがニヤニヤしながら
ひょっこり顔を出し――

明後日の
私の誕生日を
それとなく
アピールしてくれる

※・ひろぽは
家族の誕生日を
ことあるごとに
紙に書いてくれと言い
呪文のように
毎日覚えようと
していました

翌日も――
ちらっ
ニヤニヤ
また
ニヤニヤして
私のところに
やってきて
えーっと
あしたは
なにかなあ
キョロ
キョロ
なんだい
なあ
なんで
しょうねー
ふふっ
おどけながら
明日の私の
誕生日を
アピールしてくる

そして誕生日当日――

ケーキを切り分けると

――すっきりと忘れていました――

前日まであんなにお祝いモードだったのに、当日は「すん」って。ツンデレなの? #誕生日を祝いたい #だけど当日は忘れる

一度きり

二度は聞けない、ひろぽ語なのでした。認知症ってそういうことなのかな。#もきもき元気　#かわいい　#もう一度聞きたい

浜松

チャコさんと
談笑していたら
ひろぽが呼びました

はままつ

ちょっと

浜松出身

名前が思い出せず出身地で呼ぶ

「浜松」呼びはしばらくブームになった

認知症になってからは、チャコさんを「おじいちゃん」と呼ぶこともありました。 #夫は #僕の子ども #間違ってはいない

ミッション

バタバタしていた朝

2階で寝ている長女に
声をかけて起こしてくれます

朝にはめっぽう弱い長女ですが
ひろぽの呼びかけで無事起きてきました

ひろぽは、がんばった！　ちゃんと役目を果たした!!　#誰を呼んでいたのかな　#ねぼすけ長女　#笑いをこらえて起きてくる

初詣に連れてって

大晦日の夜
毎年恒例初詣の
念押し

翌朝
まだみんな寝ていたので
新聞を取り込もうと
玄関を開けたら

誰かが私の服を掴みました

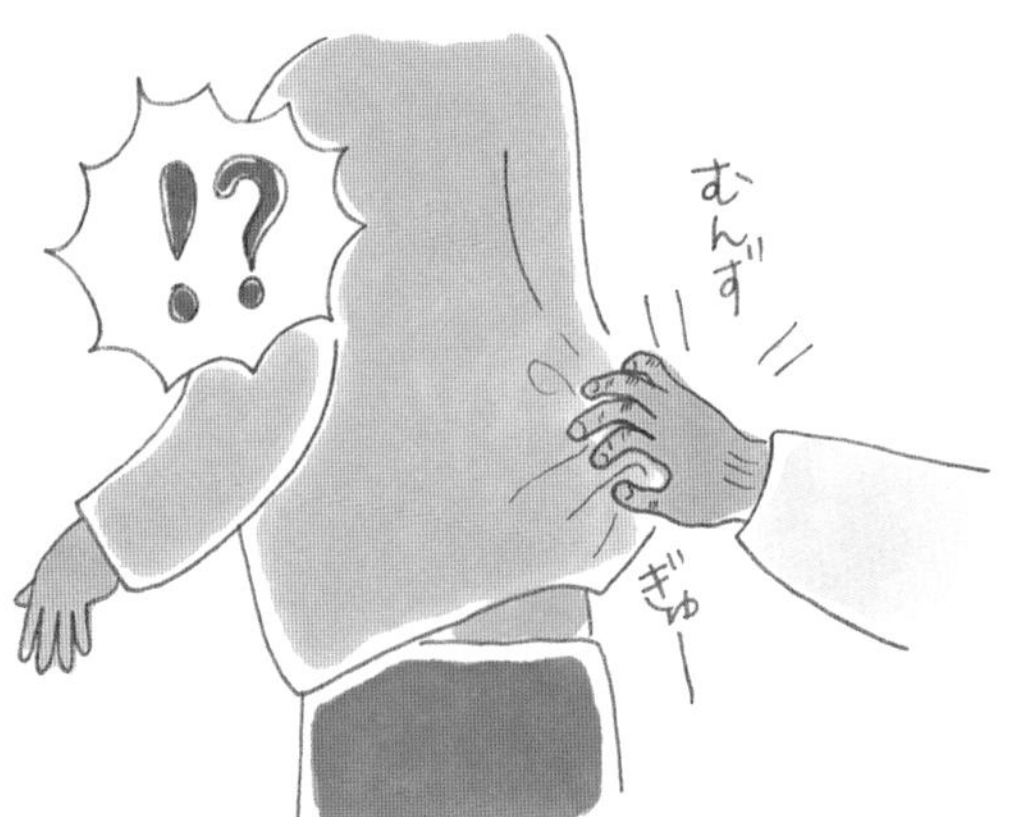

初詣に置いて行かれると思って必死なひろぽだった

玄関を開けたら、置いて行かれると勘違いしたひろぽが、必死に飛んできました。 #まだ行かないよ

初詣 1

毎年恒例の
初詣に来ました

参拝の列に並んでいると

串カツの屋台に
吸い込まれていく

こんなときは
軽やかな足取り

おじいちゃんこっち—

串カツはお参りの後ね

あとか

あとか

戻るときはもたもた

もう串カツを持っていた

しかも
おさい銭のために渡していた10円で
支払いを済ませていた

お参りより先に
串カツを
いただきました

お参りの後は、屋台でひろぽの大好きな串カツを食べるのがお決まり。屋台を見たら、今食べたい！ってなったのかな。

初詣 2

お参りの順番が回ってきたので
もう一度おさい銭を渡しました

串カツでおさい銭を使っちゃったので、改めて渡したところ、その金額に驚愕していました。＃20円だけど

長野 名古屋

次女1歳

長女年中

子どもたちが幼い頃
夫の転勤で2年ほど
ひろぽたちと離れて
長野で暮らしていました

日曜日の夜には――

じゃん
けん
ぽん

トッ
トッ
トッ

ヨチ
ヨチ

次女はよちよち歩きで、まだ何もわかってないのに、長女の後をついて歩き、ひろぽから電話がかかってくるのを待っていたことを覚えています。

毎週日曜日のルーティーン

子ども好き

月に一度
ひろぽの行きたいところへ行く
デートをしていました

一番ひろぽが
行きたがったのが図書館です

キッズスペースで
小さな子を見つけると

とてもうれしそうに見ています

うっかりすると
急接近

小さい子の
あやし方が独特
（それペットにするやつ…）

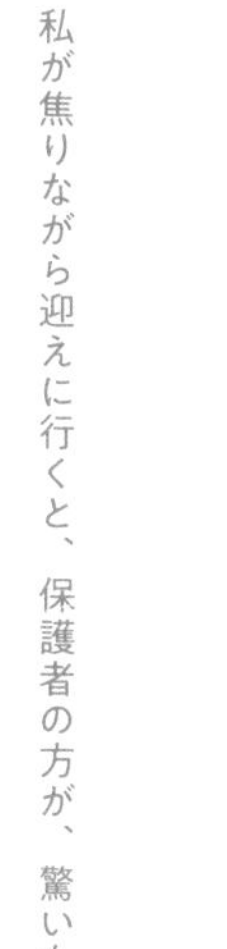
私が焦りながら迎えに行くと、保護者の方が、驚いたはずなのに笑顔を向けてくださいました。その笑顔に救われる思いでした。

文房具

ひろぽが月1のデートで行きたがるところ
第2位は文房具屋さん

ボールペンを買いたいそうです

黒ですか
太め
ですよね
これかなあ
こっちがいいかなあ
…
もうい
これかー
こっちかー
えっ
あれこれ迷っていたら
突然突き放され
せんせいに
きいて
くる
しゅー
先生？
えっ

美しめの店員さんを
引き連れて戻ってくる

すったもんだの挙げ句
先生おすすめの黒１・０㎜のボールペン５本と
赤サインペン３本を買いました

元新聞記者

やっすい
もんですよ

※安く買えました

黒
1.0

校正用？

その後デートの度に
このセットを買い続けます

ひろぽは元新聞記者。晩年も、机に向かって書きものをする姿をよく見かけました。

ひろぽと歩けば

質問攻めにされたり

じょう舌になったり

ほんの250m先のバス停に着くまでに、30分かかることも。約20年前の子育てを思い出します。#子どもに返っていくのだなぁ

陶芸 1

定年後に始めた陶芸でしたが
区民展で数回賞をいただいたことがあり

介護が必要になってからも
しばらくは教室に通っていました

日本中の人に自分は陶芸が得意だと
知れ渡っていると信じて疑わなかったある日
私を迎えに来てくれた友人に

颯爽と
陶芸教室に行くと
報告してしまう

バス停までの道で

出会う人すべてに「**とうげい**」のご挨拶

私の友達に、唐突に颯爽と「とうげい」と挨拶した思い出は、今でも彼女と会う度に爆笑するネタです。

陶芸 2

デイサービスでも
陶芸自慢は止まらず
ついに内緒で作品を持ち込み

すぐさま
注意を受ける

ひろぽの
陶芸熱が届いたのか
デイサービスで月に一度
陶芸が組み込まれるようになった

どうしても明日
陶芸をやりたい

なんと、デイサービスに陶芸のプログラムが組み込まれました。本格的なものではなく、手びねりでしたが、毎回楽しみにしていました。

陶芸 3

待ちに待った
デイサービスで陶芸の日

スタッフさんに見せるのだと
陶芸に関する文献などを
たくさんカバンに詰めていました

そして夕方

帰宅時は少し不機嫌で
陶芸のことはスルー

さらにまた数日後
…
あっ陶芸？
できたんですね
見せて見せてー
ゴッ
すててくれ
ボソッ
いやそれ陶芸家が言うやつ
え
気に入らないらしい
圧

一日も早くリベンジしたいらしい

ひろぽが自分で捨ててしまった作品もありますが、「これいいな」と思ったものは、こっそり2階で使っています。

突然の取材

ごはんのときのちいさいの

なんですか

？

突然メモを持って
「ごはんのときのちいさいの」について取材してくる

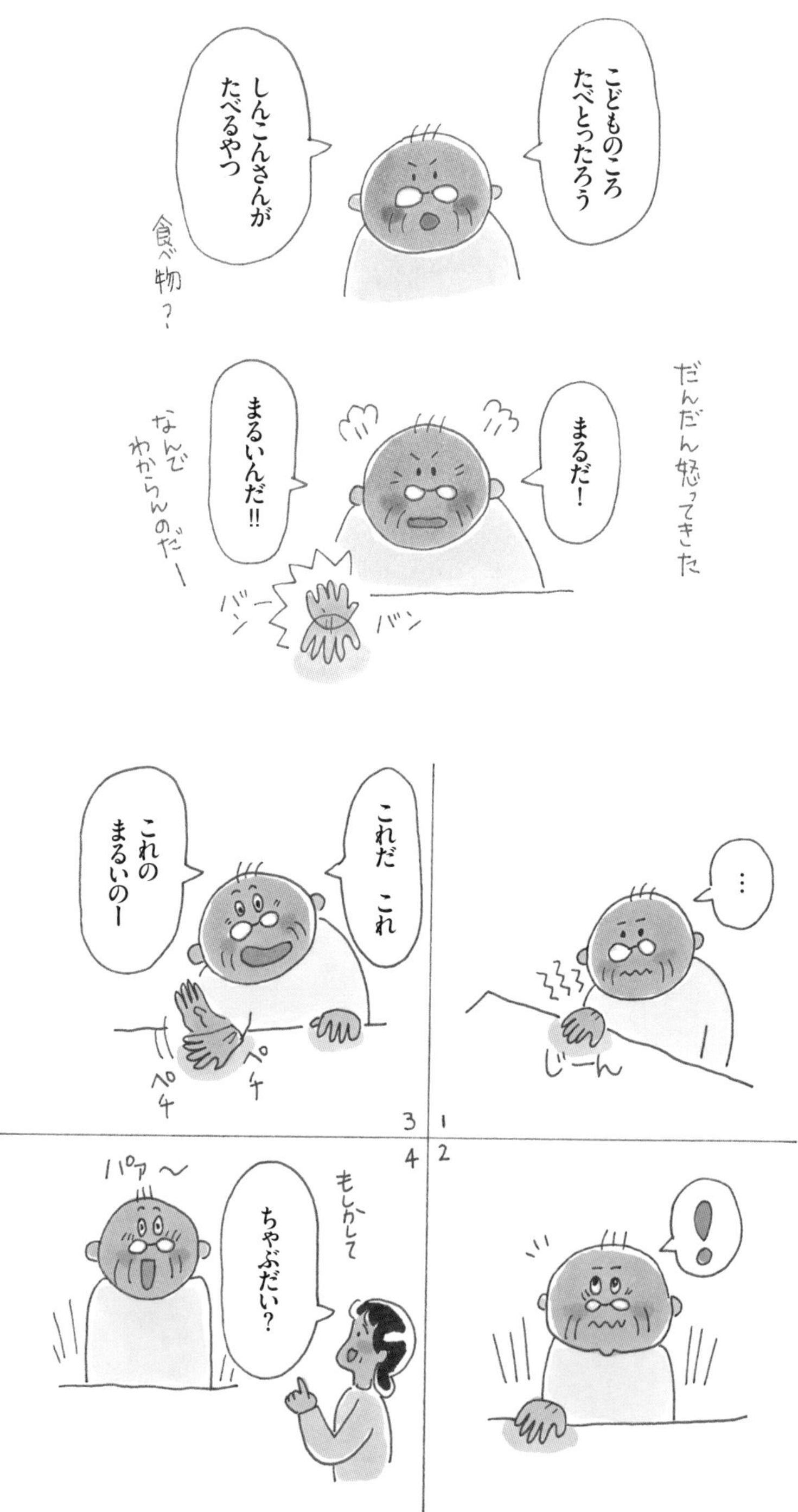
こどものころ
たべとったろう
しんこんさんが
たべるやつ
食べ物？
だんだん怒ってきた
まるだ！
まるいんだ!!
なんで
わからんのだー
バーン
バン
…
ジジジ
じーん
!
もしかして
ちゃぶだい？
パア〜
これだ　これ
これの
まるいのー
ペチ
ペチ
1
2
3
4

なかなか正解を出せず、イライラさせた案件。メモに書いた「ちゃぶ台」を指でなぞりながら「ちょ・び・れ・い」と復唱していました。

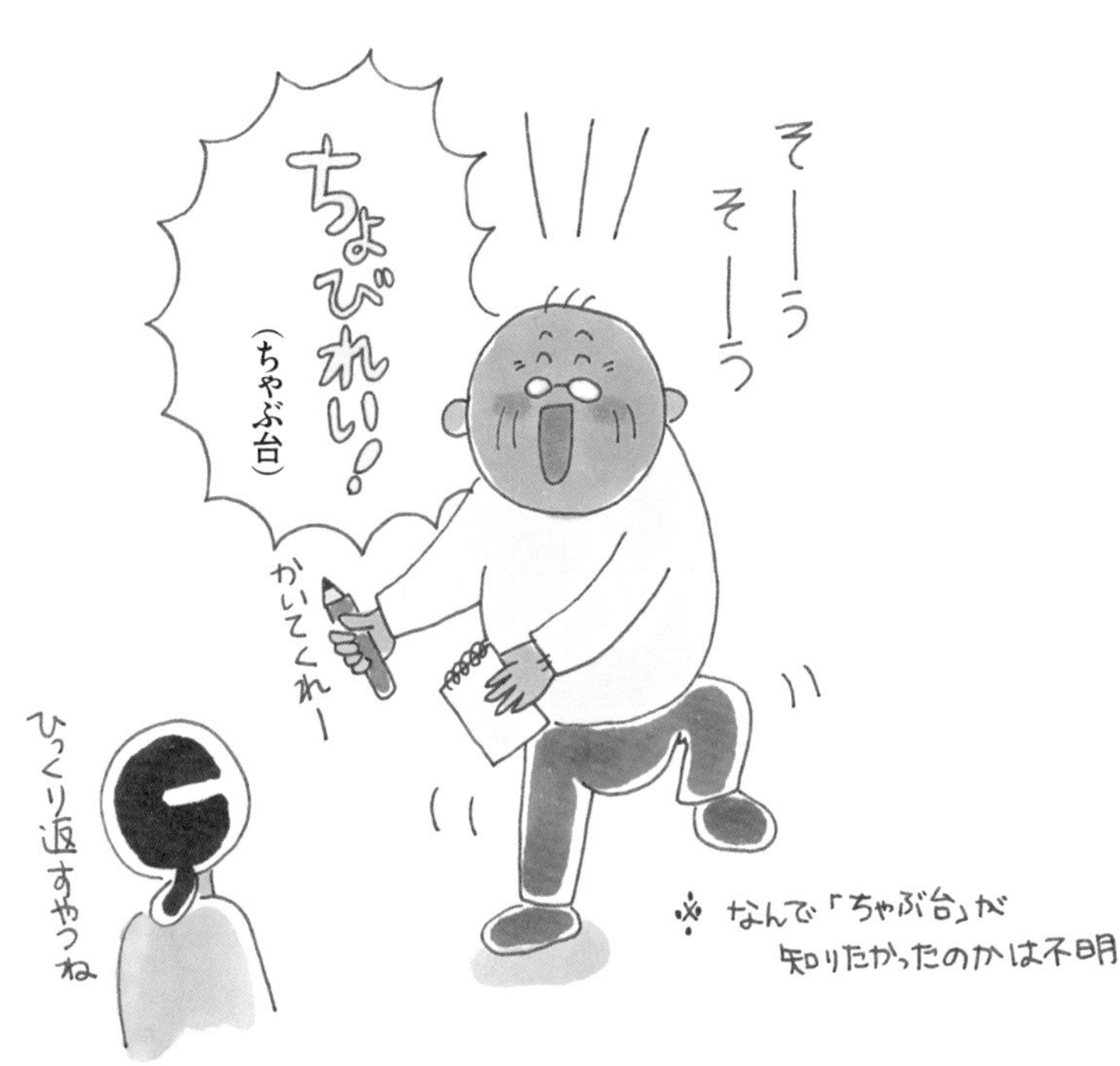

ある介助者の希望

病院にて
認知症の人は
突然スイッチが入る
浅く座っているので
危ないし
通る人の妨げに
なっている
おじいちゃん
もう少し深く
座ってください
ませんか
!
ふとした
私の言葉が
スイッチを入れてしまったようで
なんだ
もう
よばれたか
ポンポン
いえ
もうちょっと
おしりを後ろに

しり？
いえ
ぬぐのか
後ろへ
だすのか
いえ
ここでか
いいのか
深く

引くに引けないふたり

おいっ
なんだ
いや もう あの ちがう
わちゃわちゃ
どうするんだ
もういい
ぬげば いいのか

ふと気づくと
私たちのやりとりを
周りの方が怪訝な目で
見ているような気がして

そんなとき
連れている人は「認知症」だと
アピールしたいのですが

私は認知症患者の
介助をしています

私は認知症患者の
介助をしています

こんな看板をかけて歩くのは
現実的に無理ですし重そうですし
本人のことも傷つけますし

そんなとき　こういうのが
あったらいいなあと思ってます

・私が連れている人は認知症です
・ケンカをしているわけではありません
・毎日同じことの繰り返しで疲れています
・見守ってください
・時には助けてください
・歩くのは遅いです
・声は大きいです　その他もろもろ

介助者が持つ
ヘルプマーク

既にある援助や見守りが
必要な方が使うヘルプマーク

介助している側は
突然のスイッチオンに
困り果てることも多い

そういうとき
周りの目が
辛いこともある

でもこんなのをつけていたら
周りの方からの理解を
得られるかもしれない

自覚のない本人に印をつけるより
付き添う人がつけるものが
あるといいなと思いました

なんとなく、思うことをだらだらと描いてしまった。こういうの、あるとうれしい。 #介助者マーク　#作って欲しい

ひろぽとふたりで

長女が結婚式を挙げることになったとき

「義理の父親とふたりで結婚式場を探す」という行為は、長女にとっては衝撃的だったようです。#どなたにも衝撃的

ヒマだったふたり

ひろぽとは出会ってすぐ意気投合

そんなふたりが一緒に式場探しに行くことになったわけは

ひろぽと私以外、みんな忙しかったんです。#時代を映す髪型　#肩パッドも入ってます

式場巡り

ひろぽとは、こういうことを面白がれる感覚も似ていたように思います。#スポンサーって

段取り

その後も
電話で打ち合わせしたり

引き出物を
選んだり
メニューを決めたり

ランチしながら
式場を検討したり
していました

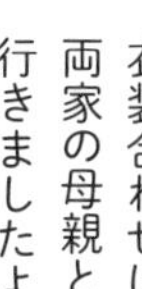

さすがに
衣装合わせは
両家の母親と
行きましたよ

連絡ひとつ取るのにも、タイミングが重要だったあの頃。今は本当に便利ですよね。#黒電話

結婚式当日

当日は実家でお仕度
花嫁タクシーに乗って会場まで行き

会場の控室でひろぽたちと
対面となりました

やっと迎えた当日に
感極まったのか

花嫁の父みたいなこと
言い出した

本当にこの言葉が、今でも耳に残っています。びっくりしました。#いつの間にか花嫁の父気分

お寿司屋さん

ひろぽと
お寿司屋さん

何にしましょう
うーん
何にします？

推理タイムの始まりです

正解だった

イントネーションが「以下」

一見さんです

まだお寿司の食べ方を忘れていない頃の話です。ひろぽとのデートは面白かったなぁ。 #推理タイム #全問正解

爪問題

以前自分で爪切りをして流血したことがあり
それから自分では爪を
切らなくなりました

ついでに
足の爪も
切りましょうか
ザーッ

んー
見てる
待ってる
足の爪はハサミで
新聞用意

足の爪は来年でいいそうです。伸びるね。 #爪切りは三日に一度ペース #足の爪はカッチカチ #ハサミで切ります #来年ね

食べ方を忘れたもの3

丸くてガブガブ食べるものは「スイカ」

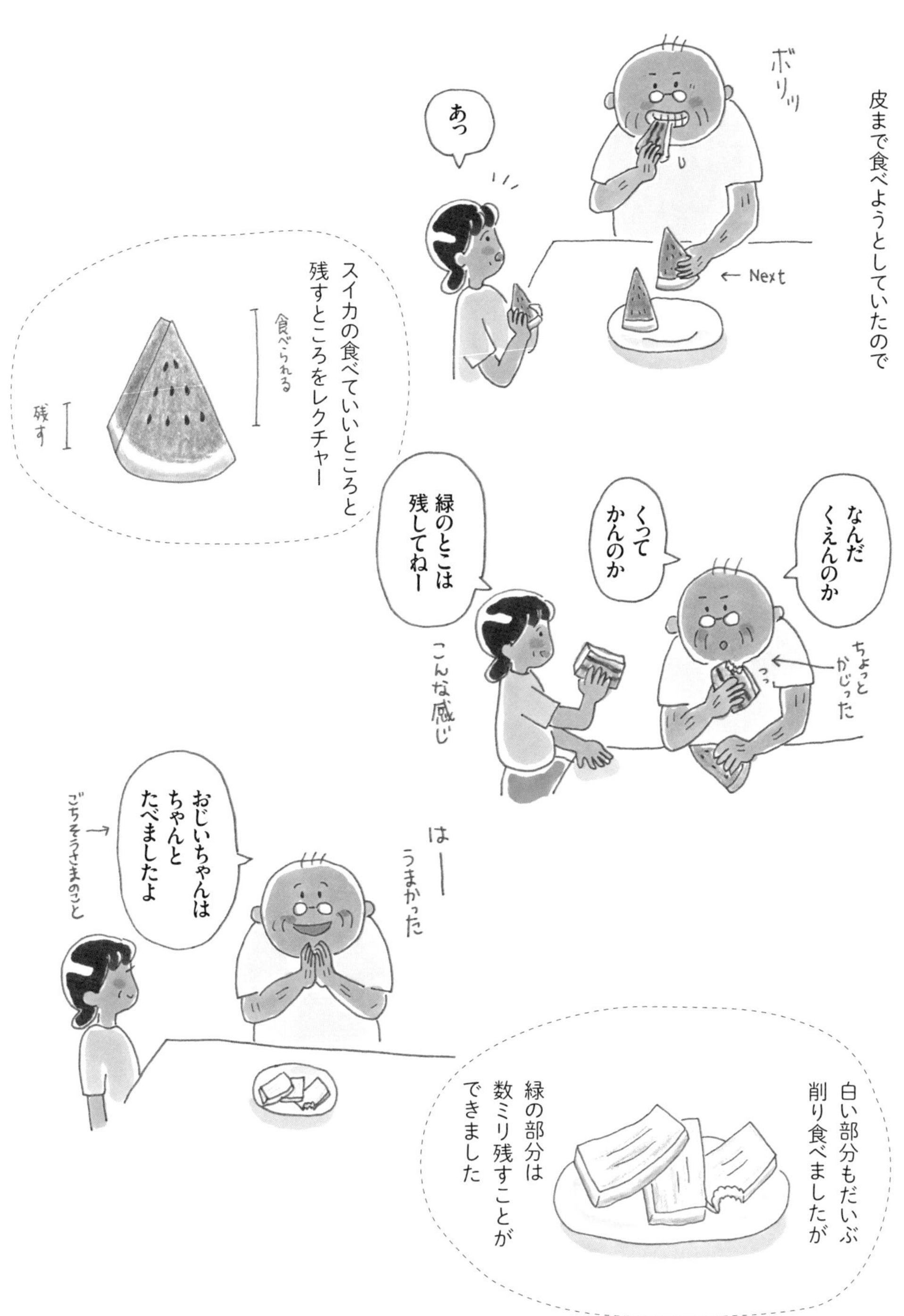
皮まで食べようとしていたので
ボリッッ
あっ
← Next
スイカの食べていいところと
残すところをレクチャー
食べられる
残す
なんだ
くえんのか
くって
かんのか
緑のとこは
残してねー
ちょっと
かじった
こんな感じ
はー
うまかった
おじいちゃんは
ちゃんと
たべましたよ
ごちそうさまのこと →
白い部分もだいぶ
削り食べましたが
緑の部分は
数ミリ残すことが
できました

〝下の方を数ミリ残す〟だけ、インプット。一度習得したら、皮がなくても、数ミリ残すことができました。ひろぽ天才！

せっかち

ひろぽと外食

煮物

サラダ

カッカッ

タンッ

ひとかき

早い早い

天ぷら

出遅れた

ひょいぱく
ひょいぱく

どうにも止まらない

天つゆを

これは
なんだ

のむのか

それは
天ぷらを…

もぐ
もぐ

飲み干し

ぐびー

聞いてないよねー

もぐ
もぐ

昔から外食先では、自分が食べ終わったら「早くしろ」とせっついていました。#俺様ひろぽ　#俺が基準

何かに追われているのですか？

両替

小銭の計算ができないので
ひろぽは買い物するとき
お会計でいつもお札を使います

本当にうれしそうで、うるうるしていました。いつもは無反応なチャコさんも、珍しく笑っていました。#増えてよかったね

日課1

お

カキカキ

数値がいいと知らせに来てくれます

いいの
でました
ホントだーー

ひろぽの日課
「いい数値が出るまで
何度も血圧を測る」

納得がいくまで、何度も何度も測り続けます。結果はすべて記録していました。#数値が悪いときは知らせに来ない

日課2

ひろぽの日課　その2
「朝　新聞を取りに行く」

そして自室で読む

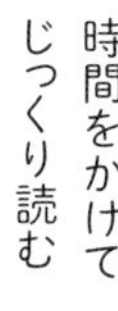

気が済んだらリビングに持ってきて
「お前たちも読みなさい」と
置いていくのですが

その日は――

あかん

なにかいたるか
さっぱりわからん

ポサッ

ぼやきながら
リビングに投げ捨てていった

…

逆

今日は上下逆に読んでましたもんね

うー

逆

?

そんな日もあるよ

たまにですが、何が書いてあるかさっぱりわからないときがあるようです。#上下逆新聞　#いちこは見た

じじの時事問題

まだ長女が高校生で
テスト期間中だったとき

脳梗塞で倒れるまでは、時事問題の例題を作るのは元新聞記者のひろぼの役目でした。

なんだかんだ言っても

言い出したら聞いてくれるまで
しつこくついて歩くし

ワガママを言って
地団駄を踏んでるけど

いつも
正解に導くのはチャコさんで
要望に応えるのもチャコさん

文句を言いつつも
ひろぽのことを一番に考えているのは
チャコさんで

ひろぽの好みを
一番把握しているのも
チャコさんで

ひろぽが一番
信頼しているのも
チャコさん

重ねてきた年月に勝るものはありません。私もそうなりたいなぁ。 #理想の夫婦

ひろぽは心配

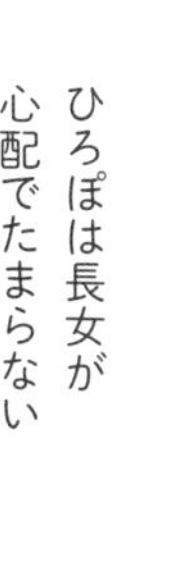

ひろぽは長女が
心配でたまらない

特に異性に対する心配が尽きない

長女が高校生のとき
男友達が遊びに来ていて
帰るときにうっかり気づかれ

いまのは
おとこのこえじゃ
なかったか
ちょうじょ
ちゃんにか
だれだ
へんなやつじゃ
ないのか
ええのか
おじいちゃんは
ゆるしませんよ
本人に言わず
私に言ってくる
えーっと
そして
長女はひろぽに心配させないための
ごまかしがうまい
おじいちゃん
あの人は
次女ちゃんに
勉強を教えに
来てくれてる
んだよ
しれっ
家庭教師だよ
あながち
ウソではない
なんだそうか
あっさり信じた

それから数年後
長女の彼氏が
遊びに来ていたとき

バッタリ
出食わして
しまった

いつものように
騒ぐかと思ったら

反応はまろやかで

まるで
待っていたかのように接してきた

あっ

こっちです

はい!!

即対応

わたしのてれび
うつらんく
なったんですよ

どうやらテレビの調子が悪く
電気屋さんが修理に
来てくれたのだと思ったようで

彼氏くんの対応も素晴らしく
なんの疑いも持たず
ほのぼのと時間が過ぎました

おっ
おーー
うつった
うつった
パッ
ありまと
ありまとー
さすがですねー
さすがですねー
現長女夫→
すごい喜んでたな

とにかく長女のことが心配で、「悪い男に騙される」「変なところに就職する」が、主な心配の種でした。

ひろぽはどう見える？

地下鉄で親切な方がひろぽに席を譲ってくださいました

ありがとうございます
ヨタ
ヨタ
…
いえいえ
すぐ降りますんで
あ
ナゴヤ
ナゴヤ

ペコリ
…
では

どこからどう見ても、間違いなく、お年寄り。

奇跡が起きた

ひろぽとのお出かけや
お散歩はとにかく大変

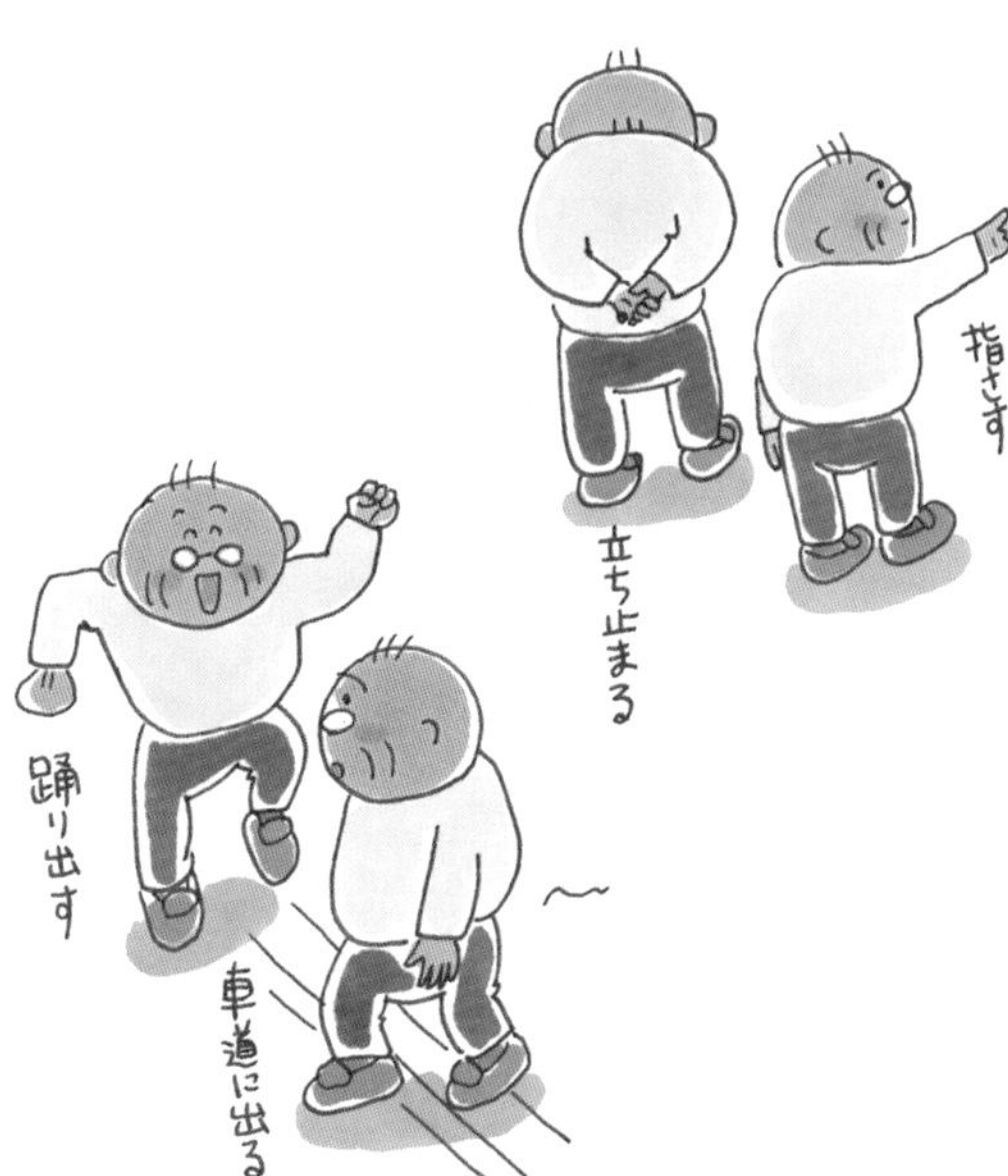

月一回
家から200m先の
床屋さんに行くのですが
それはもう大変で着くまでに
20～30分かかります

普通のことですが、認知症のひろぽにとってはまさに奇跡。1秒でも早く、きれいな自分を見せたかったのかな。#ひとりでできるもん

ひとりになりたい

図書館でひとりになりたいと懇願され

私の携帯番号と
待ち合わせ時間を書いたメモを渡して
ひとりにしてみました

うきうきとひとりで入って行き

私は近くの物陰で待機

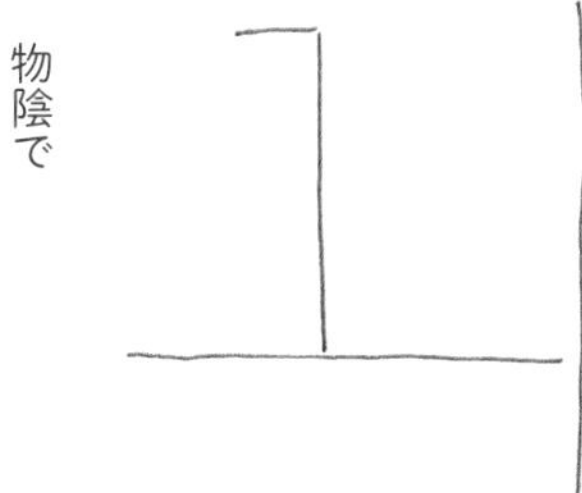

物陰で
ものの数分スマホを見て

何気なく
図書館を見ると

ひとりになったら、すぐ不安になって待っているところ、「遅い」と強がるところ、かわいい。#まだ10分も経っていません

ひろぽの女

痔が切れたのか
鮮血がトイレに

あれないか
おんなの
はさむやつ
生理用品
2階から持ってきますね
※二世帯同居トイレ別
待っててください
はままつのやつでいいぜ
妻のこと
おばあちゃんはもう…
必要ないですから
持ってきますね

その後、「あいつはもう、おんなじゃないのか」と呟いていました。すべての女性を敵に回す発言ですが、ひろぽの中では、チャコさんはいつまでも昔のままだったんだな。

勉強熱心

ひろぽがメモを取りながら

すごく熱心に
テレビを見ていた

そーっと
近づいても

目の前に
お茶を置いても

覗き込んでも

前に回っても

目に入らないほど
夢中で見ていたのは…

メイク講座

声をかけても気づかないくらい一生懸命に見ていたのは、メイクレッスン講座。 #真剣に見る #うっかり私も見入る

罪ほろぼし

今回若い頃のひろぽの話を描こうと夫に取材したところ

とにかく多忙で
家族と過ごす時間も
あまりなかったようでした

その上書きをするように
孫たちへたくさんの愛情を
注いでくれたのかな

聞いても聞いても、出てくるエピソードは叱られた思い出ばかり。それくらい心配されていたんだね。 #愛だよ

似たもの親子

ただいまー
あ 今日は
カキフライか
うん
じゅー
じゅー

♪
♪
はい

別の日
スーパーでカキフライに食いつく

いろいろ反抗してきたけど
年を取ってからの好物がひろぽと同じ

好みだけでなく、最近は顔や行動も似てきています。#抗えないDNA

エピローグ

引退宣言

デイサービスから帰宅後
玄関に入ったところで
座り込んで動けなくなり

チャコさんの
アイデアで
なんとか毛布に乗せて
ベッドまで
引きずって行きました

ベッドに入ると
はっきりとした口調で

わたしは
もう

がっこうは
いきません

いっしょう
いえで
ねています

キッ

きっぱり

引退宣言をしました

ケアマネさんが様子を
見に来てくださると

三丁目さーん

どうですか

寝たり起きたりで
ポヤポヤしている

急にキリッとして
ウソをつく

ああ

いま
がっこうから
かえってきた
ところです

キリッ

↑ウソ

デイサービスのお気に入りのスタッフさんがいらっしゃると
みんな心配してますよー
寝てるだけでもいいので来てくださいよー
…
ほ…ほんじゃー
げつようびいこうかな
そうだな
もじ
もじ
いこうかな
もじもじと復帰宣言をしてみたりしました
その後デイサービスには一日だけ行きましたが続けて行くことはありませんでした
やっぱりいえでねとる
もういきません
デイサービスはやめて訪問看護を一日二回お願いすることになりました

オムツ生活

寝たきりになってからも
しばらくは自力でトイレに
行っていましたが

まもなく
オムツ生活となりました

ある日ひろぽの部屋から
チャコさんの叫び声が

そこには掛け布団を蹴散らし
パジャマのズボンを脱ぎ
オムツを外し

敷き布団に盛大に用を足して
幸せそうなひろぽがいました

薬局へ走りましたが…

その日から用を足す度に汚してしまい
あいにくの雨続きでシーツも乾かず

乾燥機
NGタイプ
防水シーツ
部屋干し
（雨続き）
また…
呆然
もう一枚
買ってきます
防水シーツ

薬局の防水シーツを
買い占める勢いでした

つなぎのパジャマ

オムツを脱いでしまうため
着替えや洗濯・後始末を一日に何回もすることになり
疲労やストレスを看護師さんに相談すると

つなぎのパジャマにしましょう

それならズボンも脱げませんし

訪問看護師さん

すぐ発注しますよ

つなぎのパジャマの着用を
提案してくださいました

早速着せてみると

オムツをつけてもサイズぴったりでとても似合ってました

つなぎの効果はあったので
パジャマが届くまで洗い替えに
別のつなぎを買ってもいいなあと
考えていました

バニーちゃんつなぎ

パンダつなぎ

くまさんつなぎ

絶対かわいい

着せたい
着せたい
絶対かわいい

不謹慎

ひろぽの一番長い日

訪問看護をお願いして1ケ月が過ぎた頃
容態が急変し
救急車で病院に搬送されました

延命措置は
お断りしていたので
お別れのための入院となりました

もう目は合いませんでしたが
呼びかけには反応があり
声のする方を見つめたり
手を伸ばしたりしていました

そうは言っても
しばらくすると落ちついたのか
スースーと眠ったような状態が続き
安定してきたように見えました

ひろぽを義妹家族にまかせて
娘たちと少し外出することに

病室を出て
車で走り出して
10分もしないうちに
私の携帯に着信が――

それは
食べ物のリクエストではなく
ひろぽの危篤を知らせる
電話でした

すぐ引き返して
病院に駆けつけました

私たちが到着したときのひろぽは
どこか穏やかな表情をしていました
おじいちゃん
おじいちゃん
おじいちゃんのねー
おじいちゃんのゆめはねー
こっちがちょうじょちゃんで
こっちがじじょちゃんに
てをにぎってもらってねー
ありまと ありまとってしんでくのーー
生前の口ぐせ
ありまとね
ゆめをかなえてくれて
おじいちゃん
おじいちゃん
ぎゅう
ぎゅう

そして家族全員に見守られながら
感謝の言葉をたくさん浴びながら

旅立って行ったのでした

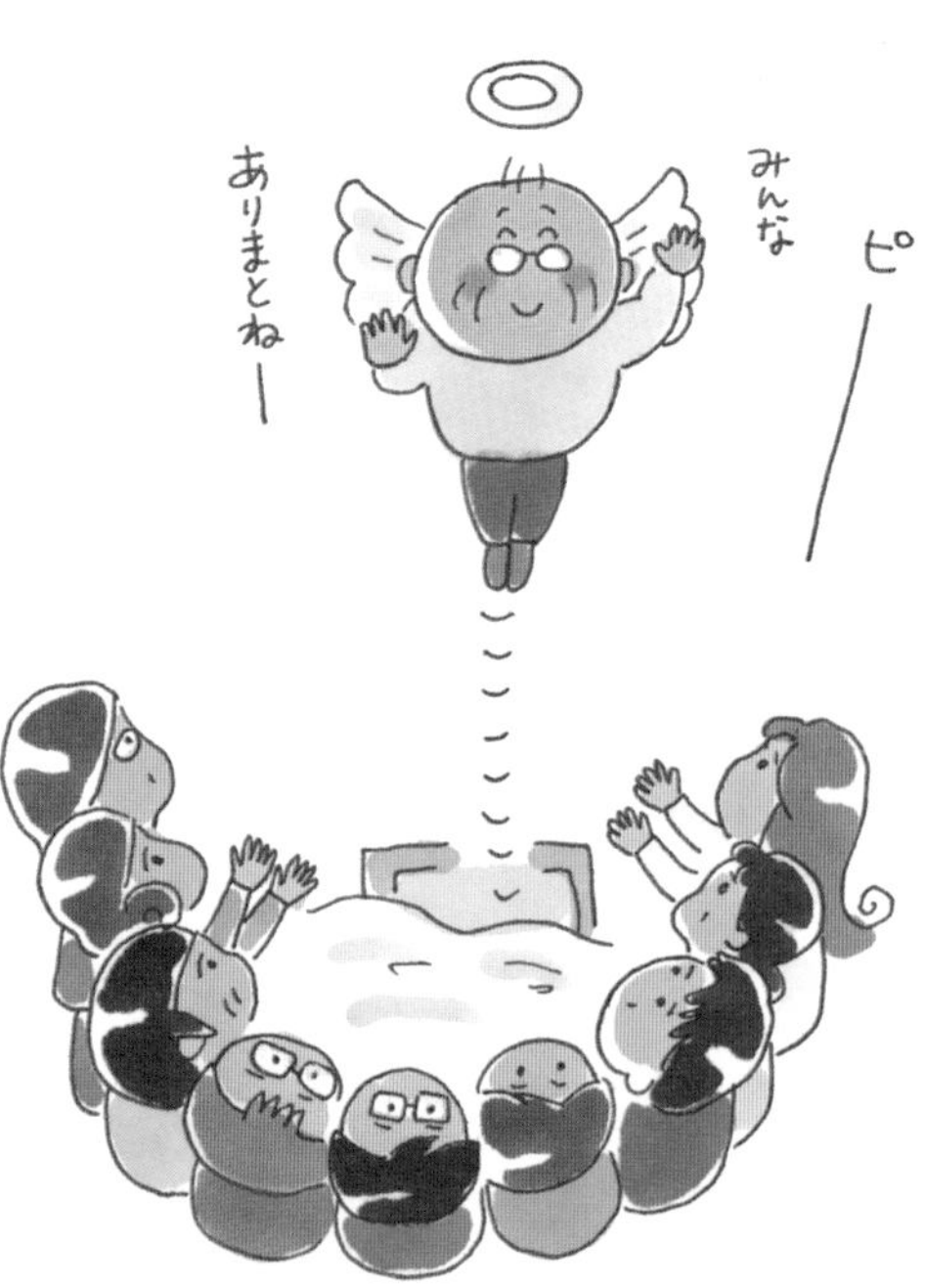

今頃　天国で
楽しくやってると思います
きょうは
はらせつこと
ランチいってきます
さんちゃん
行くよー
はよ来な
おいてってまうでねー

おまけ
あと
かんおけに
これいれて
こんだけ
ぜんぶね
しゃしんは
このいけめんのにして
不燃物は
ダメだって
元気な頃

あとがき

記憶は、日々塗り替えられます。忘れたくない思い出だって、いつの間にか薄れてしまうことも。できることなら私は、ひろぽと過ごした、大変だったけど楽しかったあの日々を忘れないでいたい。これが、私がひろぽの漫画を描くときに大切にしている想いです。

ひろぽは、2017年11月に他界しました。悲しみの中でひろぽを思えば、浮かんでくるのは晩年、認知症を発症してからの面白エピソードばかり。「これを何かの形に残したい」という気持ちから、漫画にすることにしました。描き始めたら、次々溢れてくるひろぽとの思い出。描くことでわかった、ひろぽとの楽しかった日々。

しかし、私のしてきたことは、果たして介護と言えるかどうか。本当に大変な思いをして介護をされている方に、不快な思いをさせてしまっているのではないか。いろいろ考えることもありましたが、私なりに「老いと介護を笑い飛ばせ!」というモットーで描きました。

もちろん漫画については全くの素人です。ふと、娘からもらったサインペンセットの存在を思い出し、見よう見まねで自己満足の漫画を描き、インスタグラムに投稿し始めました。

思いつくまま描きなぐり、ひろぽへの愛がインスタグラムに溢れた頃、書籍化のお話をいただきました。書籍化にあたって、絵はすべて描き直すことになり、初めは大変な作業になるなと案じていましたが、進めるにつれ、やっぱり絵を描くことは楽しいと実感。いまだに絵は下手で、色塗りはムラだらけで、やり方を間違えているかもしれないけれど、この年になって「楽しい」と思えるものに出会えたことが、何よりの宝物になったような気がします。

最後になりましたが、この本を手にとってくださった皆様。いつもインスタグラムを見てくださっている皆様。たくさんあるインスタグラムの投稿の中から、私のようなものを見つけてくださったワニブックスの担当の方。書籍化するにあたってご尽力くださった、たくさんのスタッフの皆様に心から感謝申し上げます。

現在介護をしていらっしゃる方、介護の現場で頑張っていらっしゃる方、これからの介護に不安をお持ちの方に、少しでも笑顔を届けられますように。

三丁目いちこ

あれから

ご褒美

うちの加湿器
おしゃれだよね
どこで買ったの?
超音波
加湿器
2016年製

ひろぽの
オムツで
当たったの
えー
オムツで!?

寝たきりに
なってしまったひろぽに
疲労困ぱいしているとき
薬局でオムツを購入すると

福引券どうぞ

福引券が
もらえました

どうせティッシュだろうと
思って回すと

えっ!

カラーン
カラーン
おー
おめでとうございまーす

なんと!!
2等の加湿器が当選

車まで店員さんに
運んでもらいました

ちょっとしたことでしたが
ご褒美をいただいたようで
うれしかったです

早速ひろぽの部屋に
置きました

ネガティブな気持ちが続いていたときに当選した加湿器。
喜びが、少し気持ちの切り替えになり、また介護に向き合えるようになったような気がします。

マッチうりの少女

子どもたちがまだ小さかった頃

おいで
あったかいよ

嘱託で働いていたので
ゆっくり出勤

シュッ

冬は
朝の支度が整うと
ひろぽの布団に
もぐり込んでいました

ひろぽの部屋の
テレビを見ていることも
多かったのですが

時々
ひろぽチョイスの
絵本を読んでもらう
こともありました

途中までは調子よく
スラスラ読んでいたのですが

マ…
マッチを…
すって…

シュッ…

ごち…
ごちそうが…

?

だんだん
あやしくなり

結局最後まで読めたことは
一度もありませんでした

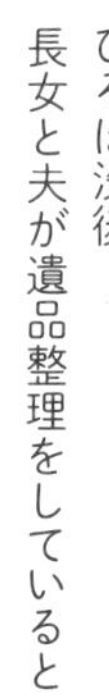

ひろぽ没後
長女と夫が遺品整理をしていると

あのときどうしても最後まで
読むことができなかった絵本が

ひろぽの本棚に
大切にしまわれていました

代わりに娘が読んであげても、途中で泣けて、ストップがかかったそうです。

あれから

ひろぽコーデ

ひろぽの遺品整理をしていた長女と夫が欲しいものをかかえて戻ってきた

衣料品は娘たちに大人気

ひろぽコーディネートでお出かけ

ひろぽのコートを取り合う
なんてこともある

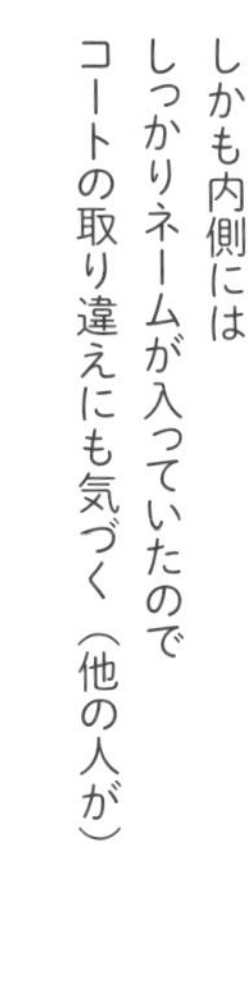
しかも内側には
しっかりネームが入っていたので
コートの取り違えにも気づく（他の人が）

大人気のひろぽコーデ。冬は大活躍です。　#おじさんコーデ　#いや　#おじいさんコーデ

あっ
はい

いつも
ありまとね
いえいえ

ほんとに
ありまとね
いえいえー

せわに
なったね
えっ
えっ
どっか行くの？・
お別れの言葉？

デザイン　石松あや（しまりすデザインセンター）
校正　麦秋新社
編集　安田 遥（ワニブックス）

ひろぽと暮らせば

三丁目いちこ 著

2020年12月4日　初版発行

発行者　横内正昭
編集人　青柳有紀
発行所　株式会社ワニブックス
〒150-8482　東京都渋谷区恵比寿4-4-9　えびす大黒ビル
電話　03-5449-2711（代表）　03-5449-2716（編集部）
ワニブックスHP　http://www.wani.co.jp/
WANI BOOKOUT　http://www.wanibookout.com/

印刷所　大日本印刷株式会社
ＤＴＰ　株式会社オノ・エーワン
製本所　ナショナル製本

ISBN 978-4-8470-9966-3